간호
중국어 회화

원종민 · 오선영 · 이진아 · 曹文凯 지음

JPLUS
Language Publishing Co.

머리말

「간호중국어」는 간호사가 의료현장에서 중국어권 환자를 응대할 때 쉽고 간단하게 안내하고 설명해줄 수 있도록 주로 상용되는 표현과 보충용어를 중심으로 구성되었다. 이 교재는 의료현장에서 발생할 수 있는 실제 상황, 즉 〈접수안내〉, 〈재진안내〉, 〈혈압측정〉 등과 같이 다양한 병원 상황을 설정하여 구성하였으며, 각각의 상황에서 가장 많이 사용되는 표현을 중심으로 대화를 완성하여 학습과정을 거친 후 자연스럽게 의사소통이 가능하도록 하였다.

이 교재가 중급수준의 중국어 학습자뿐만 아니라 독학으로 중국어를 배우고자 하는 다양한 중국어 실력자들에게 도움이 되었으면 한다. 특히 의료 행위나 및 간호업무, 의료관련 업종에서 일하고 있는 분들이 중국어권 환자 및 고객 응대에 있어 많은 도움을 받을 수 있게 되길 바란다.

序言

　　《医护汉语》一书分为常用会话与补充单词两部分，通过本书的学习可以轻松掌握接待华语地区患者时所需的基本会话，从而更加高效地指导患者就医。本书从实际情景出发，通过对挂号、复诊、测量血压等多种场景的真实演练，让读者熟练掌握各场景的核心表述，从而提高读者在医护情景中的交际能力。

　　本书不仅适用于中级汉语水平的学习者，也适用于希望通过自学提升相关领域汉语水平的学习者。尤其是医生、护士等从事医疗行业的人员，以及在医疗观光领域工作的相关人士，通过本书的学习，将会帮助他们提高接待中国患者及顾客的能力。

이 책의 구성

① 학습목표와 학습내용

먼저 매 과마다 학습목표와 학습내용을 제시해 주어 학습자가 공부해야 할 학습포인트를 제시하였다.

② 핵심 표현

매 과에서 가장 핵심적인 표현 3가지를 제시해 주고 이를 집중적으로 학습하여 활용할 수 있도록 하였다.

③ 단어 및 표현

매 과의 주제에 맞게 실용적인 단어를 익힐 수 있도록 제공하였으며, 실제 생활 속에서 주로 사용하는 표현들을 제시해 주어 익히도록 하였다.

④ 본문 학습

의료 현장에서 일어날 수 있는 다양한 상황을 선정하여 대화문을 구성 하였으며, 매 과의 학습을 마치면서 점차적으로 의료분야에서 사용할 수 있는 중국어 실력을 향상시킬 수 있도록 하였다.

⑤ 보충 표현

매 과에 본문의 주제와 관련 되는 보충 표현과 보충 어휘를 학습할 수 있도록 제공함으로써 전문적인 의료용어를 익힐 수있도록 하였다.

⑥ 연습 문제

학습자가 매 과 본문에서 학습했던 내용을 확인하기 위해 주요 단어의 의미구별을 위한 문제, 문장 속에 사용하는 적절한 단어를 고르기 위한 문제 및 본문에서 익힌 문장의 순서에 맞게 단어를 배열하는 문제를 제공하였다.

本書內容如下

① 学习目标及学习内容

本书每课均列出学习目标与学习内容，以便读者快速掌握核心内容。

② 重点句型

每节课都会先学习三个重点句型，并通过对重点句型的学习，加深对该主题的理解。

③ 生词

每节课都会为大家提供相关主题最常用的生词及常用语。通过对实际生活中常用词汇的学习，帮助学生们更好地掌握、理解相关内容。

④ 课文学习

学习医疗工作中最实用的对话内容，学习者在认真完成每一课的学习之后，相关方面的汉语实力将得到有效提升。

⑤ 补充单词

每节课的课文后都附有相关补充单词，以便学习者更熟练地掌握与医疗术语有关的汉语知识。

⑥ 练习题

为了确认学习者对所学内容的掌握程度，每节课的最后一个部分设有练习题。习题包括选择单词意思、选词填空及单词排序。

本书不仅适用于中级汉语水平的学习者，也适用于希望通过自学提升相关领域汉语水平的学习者。尤其是医生、护士等从事医疗行业的人员，以及在医疗观光领域工作的相关人士，通过本书的学习，将会帮助他们提高接待中国患者及顾客的能力。

目次
목차

电话预约

전화 예약

★ 중국어로 병원 예약을 할 수 있다.

★ 중국어로 병원 용어를 익힐 수 있다.

★ 전화 예약 관련 표현

★ 정확한 시간 표현

---

1. **请问，有什么可以帮助您的吗?**
   Qǐngwèn, yǒu shénme kěyǐ bāngzhù nín de ma?

2. **我想预约这周一上午的眼科门诊。**
   Wǒ xiǎng yùyuē zhè zhōuyī shàngwǔ de yǎnkē ménzhěn.

3. **麻烦您帮我查看一下。**
   Máfan nín bāng wǒ chákàn yí xià.

电话预约 전화예약

生词及常用语 단어 및 표현 Track 01

☐ 预约	yùyuē	동	예약하다
☐ 帮助	bāngzhù	동	돕다
☐ 门诊	ménzhěn	명	외래 진료
☐ 眼科	yǎnkē	명	안과
☐ 稍等	shāo děng		잠시 기다리다
☐ 查看	chákàn	동	확인하다
☐ 满	mǎn	형	가득 차다
☐ 恐怕	kǒngpà	부	아마도
☐ 麻烦您	máfan nín		수고스럽지만. 실례합니다만 (부탁할 때)

重点句型 핵심 표현

① 请问，有什么可以帮助您的吗?
Qǐngwèn, yǒu shénme kěyǐ bāngzhù nín de ma?

② 我想预约这周一上午的眼科门诊。
Wǒ xiǎng yùyuē zhè zhōuyī shàngwǔ de yǎnkē ménzhěn.

③ 麻烦您帮我查看一下。
Máfan nín bāng wǒ chákàn yí xià.

💬 **课文** 본문 ▢ Track 02

护士: 您好！这里是韩国医院电话预约中心，
Nín hǎo!　Zhè li shì Hánguó yīyuàn diànhuà yùyuē zhōngxīn,

请问有什么可以帮助您的吗？
qǐng wèn yǒu shénme kěyǐ bāngzhù nín de ma?

患者: 您好，我叫李明。
Nín hǎo,　wǒ jiào Lǐmíng.

我想预约这周一或周二上午的眼科门诊。
Wǒ xiǎng yùyuē zhè zhōuyī huò zhōu'èr shàngwǔ de yǎnkē ménzhěn.

护士: 好的，请稍等，我帮您查看一下。
Hǎo de,　qǐng shāo děng, wǒ bāng nín chákàn yí xià.

不好意思，这周一和周二上午的预约都满了。
Bù hǎo yìsi,　zhè zhōuyī hé zhōu'èr shàngwǔ de yùyuē dōu mǎn le.

您星期三可以吗？
Nín xīngqīsān　kěyǐ　ma?

患者: 星期三我们公司有个很重要的会，恐怕不行。
Xīngqīsān wǒmen gōngsī yǒu ge hěn zhòngyào de huì,　kǒngpà bùxíng.

周末可不可以啊？
Zhōumò kě bu　kěyi　a?

护士: 不好意思，我们医院周末休息不看病。
Bù hǎo yìsi,　wǒmen yīyuàn zhōumò xiūxi　bú kànbìng.

患者: 那么，星期五怎么样？
Nàme,　xīngqīwǔ　zěnmeyàng?

护士: 星期五吗，请稍等，我帮您看一下 。
Xīngqīwǔ　ma,　qǐng shāo děng, wǒ bāng nín kàn yí xià.

星期五下午可以帮您预约。
Xīngqīwǔ　xiàwǔ kěyǐ　bāng nín yùyuē.

患者: 太好了！麻烦您帮我预约一下周五下午的，谢谢您！
Tài hǎo le!　Máfan　nín bāng wǒ yùyuē yí　xià zhōuwǔ xiàwǔ de,　xièxie nín!

网上预约 wǎngshàng yùyuē
온라인 예약

自助挂号 zìzhù guàhào
자가 접수

挂号(处) guàhào(chù)
접수 (창구)

实名制 shímíngzhì
본인 확인

收款 shōukuǎn
수납

药房 yàofáng
약국

 **练习题** 연습문제

1 다음 단어의 의미를 연결해 보시오.

(1) 门诊 ·　　　　　　　· a 안과

(2) 预约 ·　　　　　　　· b 센터

(3) 中心 ·　　　　　　　· c 외래 진료

(4) 眼科 ·　　　　　　　· d 예약하다

2 아래 문장의 괄호 안에 알맞은 단어를 고르시오.

(1) 请（　　　），我帮您查看一下。

　① 想　　② 公司　　③ 稍等　　④ 星期五

(2) 星期三我们公司有个很（　　　）的会。

　① 重要　　② 满　　③ 预约　　④ 门诊

3 다음 아래의 주어진 단어로 어순에 맞게 작문해 보시오.

(1) 有什么 / 请问 / 帮助 / 您 / 的 / 可以 / 吗 / ?

_____

(2) 眼科门诊 / 预约 / 我 / 周一 / 想 / 上午 / 这 / 的 / 。

_____

答：1. (1) c (2) d (3) b (4) a　　　　2. (1) ③ 稍等　(2) ① 重要
　3. (1) 请问有什么可以帮助您的吗？　(2) 我想预约这周一上午的眼科门诊。

11

当天预约

당일 예약

重点句型 핵심 표현

1. 请问是韩国医院儿科门诊吗?
   Qǐng wèn shì Hánguó yīyuàn érkē ménzhěn ma?

2. 我想咨询您一下。
   Wǒ xiǎng zīxún nín yí xià.

3. 也不知道是怎么了。
   Yě bù zhīdao shì zěnme le.

当天预约 당일예약

 ## 生词及常用语 단어 및 표현 Track 04

☐ 儿科	érkē	명	소아과
☐ 值班	zhíbān	동	담당. 당직
☐ 咨询	zīxún	동	상담하다
☐ 起	qǐ	동	생기다
☐ 疙瘩	gēda	명	반점
☐ 量体温	liáng tǐwēn		체온을 재다 (측정하다)
☐ 发烧	fāshāo	동	열이 나다
☐ 症状	zhèngzhuàng	명	증상
☐ 病毒	bìngdú	명	바이러스
☐ 感染	gǎnrǎn	동	감염
☐ 急诊室	jízhěnshì	명	응급실

重点句型 핵심 표현

① 请问是韩国医院儿科门诊吗?
Qǐng wèn shì Hánguó yīyuàn érkē ménzhěn ma?

② 我想咨询您一下。
Wǒ xiǎng zīxún nín yíxià.

③ 也不知道是怎么了。
Yě bù zhīdao shì zěnme le.

课文 본문 Track 05

李爸爸: 您好，请问是韩国医院儿科门诊吗？
Nín hǎo, qǐng wèn shì Hánguó yīyuàn érkē ménzhěn ma?

护士: 是的，我是值班护士，有什么可以帮助您的吗？
Shì de, wǒ shì zhíbān hùshi, yǒu shénme kěyǐ bāngzhù nín de ma?

李爸爸: 我孩子病了，但我不知道应该去看哪个科，
Wǒ háizi bìng le, dàn wǒ bù zhīdao yīnggāi qù kàn nǎ ge kē,

我想咨询您一下。
wǒ xiǎng zīxún nín yíxià.

护士: 你孩子多大？哪儿不舒服？
Nǐ háizi duō dà? Nǎr bù shūfu?

李爸爸: 我孩子六个月了。
Wǒ háizi liù ge yuè le.

两天前，在胳膊和肩膀上起了一些红色的小疙瘩。
Liǎngtiān qián, zài gēbo hé jiānbǎng shang qǐ le yìxiē hóngsè de xiǎo gēda.

护士: 他身体别的地方也起了吗？
Tā shēntǐ bié de dìfang yě qǐ le ma?

李爸爸: 左腿上也有。
Zuǒ tuǐ shang yě yǒu.

护士: 你给他量过体温了吗？发不发烧？
Nǐ gěi tā liángguò tǐwēn le ma? Fā bu fāshāo?

李爸爸: 我量过了，今天早上烧到了39度。
Wǒ liángguò le, jīntiān zǎoshang shāodào le sān shí jiǔ dù.

护士: 还有其它的症状吗？
Hái yǒu qí tā de zhèngzhuàng ma?

李爸爸: 也不知道是怎么了，今天他什么也不吃，哭了一整天。
Yě bù zhī dao shì zěnme le, jīntiān tā shénme yě bù chī, kū le yìzhěngtiān.

15

课文 본문

护士： 孩子可能是病毒感染。
Háizi kěnéng shì bìngdú gǎnrǎn.

李爸爸： 病毒感染？天啊！那我该怎么办？
Bìngdú gǎnrǎn? Tiān 'a! Nà wǒ gāi zěnme bàn?

护士： 您应该尽快送他去急诊室。
Nín yīnggāi jǐnkuài sòng tā qù jízhěnshì.

李爸爸： 好的，我知道了，太谢谢您了！
Hǎo de, wǒ zhīdao le, tài xièxie nín le!

护士： 不客气，快去医院吧！
Bú kèqi, kuài qù yīyuàn ba!

词汇拓展 보충 표현 Track 06

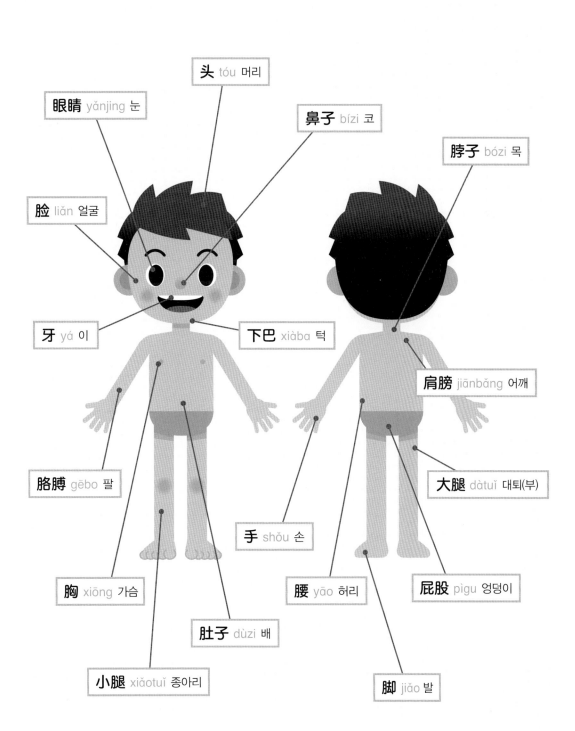

练习题 연습문제

1 다음 단어의 의미를 연결해 보시오.

(1) 儿科 ·   · a 상담하다

(2) 咨询 ·   · b 응급실

(3) 量体温 ·   · c 소아과

(4) 急诊室 ·   · d 체온을 재다

2 아래 문장의 괄호 안에 알맞은 단어를 고르시오.

(1) 胳膊和肩膀上起了一些红色的小（　　　）。

　　① 痣　　② 黑斑　　③ 肿瘤　　④ 疙瘩

(2) 您好，我是（　　　）护士，有什么可以帮助您的吗？

　　① 上班　　② 值班　　③ 下班　　④ 加班

3 다음 아래의 주어진 단어로 어순에 맞게 작문해 보시오.

(1) 体温 / 你 / 了 / 给他 / 量过 / 吗 / ?

_____

(2) 什么也 / 哭了一整天 / 今天 / 他 / 不吃 / , / 。

_____

답 : 1. (1) c (2) a (3) d (4) b　　2. (1) ④ 疙瘩　(2) ② 值班
　　3. (1) 你给他量过体温了吗?　　(2) 今天他什么也不吃，哭了一整天。

18

挂号
초진 접수

重点句型 핵심 표현

1. 您哪里不舒服?
   Nín nǎ li bù shūfu?

2. 请问我该挂什么科?
   Qǐng wèn wǒ gāi guà shénme kē?

3. 走廊的尽头就是。
   Zǒuláng de jìntóu jiù shì.

挂号 초진 접수

 ## 生词及常用语 단어 및 표현 Track 07

☐ 浑身	húnshēn	명	온몸. 전신
☐ 搬	bān	동	옮기다
☐ 信息	xìnxī	명	정보
☐ 填	tián	동	채우다
☐ 挂号费	guàhàofèi	명	접수비
☐ 扶梯	fútī	명	에스컬레이터
☐ 走廊	zǒuláng	명	복도
☐ 尽头	jìntóu	명	끝
☐ 内科	nèikē	명	내과

重点句型 핵심 표현

① 您哪里不舒服?
Nín nǎ li bù shūfu?

② 请问我该挂什么科?
Qǐng wèn wǒ gāi guà shénme kē?

③ 走廊的尽头就是。
Zǒuláng de jìntóu jiù shì.

课文 본문   Track 08

护士: 您哪里不舒服?
Nín nǎ li bù shūfu?

患者: 发烧，浑身没劲儿。
Fāshāo, húnshēn méi jìnr.

护士: 多长时间了?
Duō cháng shíjiān le?

患者: 昨晚开始就一直不舒服。
Zuówǎn kāishǐ jiù yìzhí bù shūfu.

护士: 以前来这儿看过病吗?
Yǐqián lái zhèr kànguò bìng ma?

患者: 没有，我刚搬到这儿附近。
Méiyǒu, wǒ gāng bāndào zhèr fùjìn.

护士: 好的，那么您得先填写挂号信息，在这儿填上您的
Hǎo de, nàme nín děi xiān tiánxiě guàhào xìnxī, zài zhèr tiánshàng nín de
年龄、性别、住址和联系方式。
niánlíng, xìngbié, zhùzhǐ hé liánxi fāngshì.

患者: 请问我该挂什么科?
Qǐng wèn wǒ gāi guà shénme kē?

护士: 您要挂内科。
Nín yào guà nèikē.

患者: 我的挂号信息填好了，给您。
Wǒ de guàhào xìnxī tiánhǎo le, gěi nín.

护士: 请先去付款处付款后，再去内科门诊部。
Qǐng xiān qù fùkuǎnchù fùkuǎn hòu, zài qù nèikē ménzhěnbù.

患者：好的，请问内科在几楼？
Hǎo de, qǐng wèn nèikē zài jǐ lóu?

护士：坐扶梯到3楼，左拐，然后一直走，走廊的尽头就是。
Zuò fútī dào sān lóu, zuǒ guǎi, ránhòu yìzhí zǒu, zǒuláng de jìntóu jiù shì.

患者：好的，谢谢您。
Hǎo de, xièxie nín.

护士：不客气。
Bú kèqi.

词汇拓展 보충 표현　Track 09

呼吸内科 hūxī nèikē
호흡기 내과

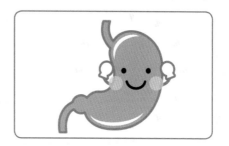

消化内科 xiāohuà nèikē
소화기 내과

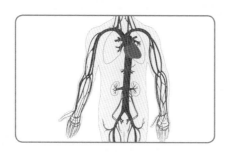

心血管内科 xīnxuèguǎn nèikē
심혈관 내과

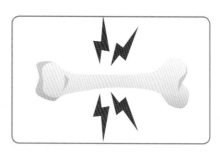

风湿内科 fēngshī nèikē
류마티스 내과

1 다음 단어의 의미를 연결해 보시오.

(1) 挂号 ·   · a 내과

(2) 内科 ·   · b 접수

(3) 走廊 ·   · c 에스컬레이터

(4) 扶梯 ·   · d 복도

2 아래 문장의 괄호 안에 알맞은 단어를 고르시오.

(1) 我刚搬到这（　　　　）。

    ① 工作　　② 学习　　③ 附近　　④ 休息

(2) 我的挂号（　　　　）填好了，给您。

    ① 信息　　② 性别　　③ 年龄　　④ 地址

3 다음 아래의 주어진 단어로 어순에 맞게 작문해 보시오.

(1) 昨晚 / 不舒服 / 就一直 / 开始 / 。

_____

(2) 信息 / 我的挂号 / 填好 / 了 / 。

_____

답 : 1. (1) b (2) a (3) d (4) c　　　　2. (1) ③ 附近　(2) ① 信息
　　3. (1) 昨晚开始就一直不舒服。　　(2) 我的挂号信息填好了。

复诊挂号
재진 접수

重点句型 핵심 표현

1. **您之前来过吗?**
   Nín zhīqián láiguo ma?

2. **您有挂号证吗?**
   Nín yǒu guàhàozhèng ma?

3. **这是收据和找您的钱。**
   Zhè shì shōujù hé zhǎo nín de qián.

复诊挂号 재진 접수

 ## 生词及常用语 단어 및 표현　Track 10

☐ 挂号证	guàhàozhèng	명 접수증
☐ 公司职员	gōngsī zhíyuán	명 회사원
☐ 结婚	jiéhūn	명 결혼 동 결혼하다
☐ 地址	dìzhǐ	명 주소
☐ 复诊	fùzhěn	명 재진 동 재진하다
☐ 收据	shōujù	명 영수증

重点句型 핵심 표현

① 您之前来过吗?
Nín zhīqián láiguo ma?

② 您有挂号证吗?
Nín yǒu guàhàozhèng ma?

③ 这是收据和找您的钱。
Zhè shì shōujù hé zhǎo nín de qián.

课文 본문　**Track 11**

护士: 您要看病吗?
Nín yào kànbìng ma?

患者: 是的, 在哪儿挂号?
Shì de, zài nǎr guà hào?

护士: 这儿, 您之前来过吗?
Zhèr, nín zhīqián láiguo ma?

患者: 是的, 一年前来过。
Shì de, yì nián qián láiguo.

护士: 您有挂号证吗?
Nín yǒu guàhàozhèng ma?

患者: 有, 在这儿呢。
Yǒu, zài zhèr ne.

护士: 最近您来医院看过病吗?
Zuìjìn nín lái yīyuàn kànguo bìng ma?

患者: 来过, 差不多有一个星期了。
Láiguo, chàbuduō yǒu yí ge xīngqī le.

护士: 那么, 我帮您查查。
Nàme, wǒ bāng nín chácha.

患者: 我的生日是1982年2月15日。
Wǒ de shēngrì shì yī jiǔ bā èr nián èr yuè shí wǔ rì.

护士: 好的, 我们还需要一些您的个人信息, 您做什么工作?
Hǎo de, wǒmen hái xūyào yìxiē nín de gèrén xìnxī, nín zuò shénme gōngzuò?

患者: 我是公司职员。
Wǒ shì gōngsī zhíyuán.

护士： 您结婚了吗？
Nín jiéhūn le ma?

患者： 是的，我结婚了。
Shì de, wǒ jiéhūn le.

护士： 请您再告诉我一下您的地址。
Qǐng nín zài gàosu wǒ yíxià nín de dìzhǐ.

患者： 我住在东大门区里门路107号。
Wǒ zhùzài Dōngdàménqū Lǐmén lù yāo líng qī hào.

护士： 复诊也需要交挂号费，请交一下挂号费。
Fùzhěn yě xūyào jiāo guàhàofèi, qǐng jiāo yíxià guàhàofèi.

患者： 多少钱？
Duōshao qián?

护士： 一万块，这是收据和找您的钱。
Yí wàn kuài, zhè shì shōujù hé zhǎo nín de qián.

这是您的挂号证，
Zhè shì nín de guàhàozhèng,

等下次来的时候带着挂号证就可以了。
děng xiàcì lái de shíhou dàizhe guàhàozhèng jiù kěyǐ le.

患者： 好的，谢谢。
Hǎo de, xièxiè.

28

词汇拓展 보충 표현

教师 jiàoshì
교사

律师 lǜshì
변호사

公务员 gōngwùyuán
공무원

司机 sījī
운전기사

练习题 연습문제

1 다음 단어의 의미를 연결해 보시오.

(1) 复诊 ·   · a 주소

(2) 收据 ·   · b 간호사

(3) 地址 ·   · c 재진

(4) 护士 ·   · d 영수증

2 아래 문장의 괄호 안에 알맞은 단어를 고르시오.

(1) 复诊也需要交（   ）。

　　① 住院费　② 挂号费　　③ 化验费　④ 药费

(2) 我们还需要一些您的（   ）。

　　① 收据　　② 个人信息　③ 年龄　　④ 地址

3 다음 아래의 주어진 단어로 어순에 맞게 작문해 보시오.

(1) 您来医院 / 最近 / 看过病 / 吗 / ?

_____

(2) 一下 / 再告诉我 / 您的地址 / 请您 / 。

_____

답 : 1. (1) c (2) d (3) a (4) b　　　　　2. (1) ② 挂号费　(2) ② 个人信息
　　 3. (1) 最近您来医院看过病吗?　　　(2) 请您再告诉我一下您的地址。

30

候诊
접수 후 대기

★ 중국어로 병원 진료 시간을 문의할
  수 있다.

★ 중국어로 진찰 대기 용어를 익힐
  수 있다.

★ 진료 시간 문의 관련 표현

★ 길 안내 관련 표현

1. 我过一会儿再来,行吗?
   Wǒ guò yíhuìr zài lái, xíng ma?

2. 还是越早看越好。
   Háishì yuè zǎo kàn yuè hǎo.

3. 请问去洗手间怎么走?
   Qǐng wèn qù xǐshǒujiān zěnme zǒu?

候诊 접수 후 대기

 ## 生词及常用语 단어 및 표현 Track 13

☐ 看来	kànlái		보아하니. 보기에
☐ 最好	zuìhǎo		제일 좋기는 …하는 게 낫다
☐ 排	pái	동	배열하다
☐ 可能	kěnéng	부	아마도
☐ 看不了	kànbuliǎo		볼 수 없다
☐ 严重	yánzhòng	형	심각하다
☐ 洗手间	xǐshǒujiān	명	화장실
☐ 往	wǎng	전	쪽으로
☐ 电梯	diàntī	명	엘리베이터
☐ 还是	háishì	부	(아무래도) …하는 편이 좋다

重点句型 핵심 표현

① 我过一会儿再来, 行吗？
Wǒ guò yíhuìr zài lái xíng ma?

② 还是越早看越好。
Háishì yuè zǎo kàn yuè hǎo.

③ 请问去洗手间怎么走？
Qǐng wèn qù xǐshǒujiān zěnme zǒu?

患者： 今天人太多了，看来我得等很长时间。
Jīntiān rén tài duō le, kànlái wǒ děi děng hěn cháng shíjiān.

这里这么忙，我过一会儿再来，行吗?
Zhè li zhème máng, wǒ guò yíhuìr zài lái, xíng ma?

护士： 您最好等一会儿，因为挂号时间是8点到11点，
Nín zuìhǎo děng yíhuìr, yīnwèi guàhào shíjiān shì bā diǎn dào shí yī diǎn,

现在已经10点15分了。
xiànzài yǐjīng shí diǎn shí wǔ fēn le.

患者： 我能现在挂号，下午再来看病吗?
Wǒ néng xiànzài guàhào, xiàwǔ zài lái kànbìng ma?

护士： 那也行。可是如果您不在这里等，
Nà yě xíng. Kěshì rúguǒ nín bú zài zhè li děng,

很多病人就会排到您前面，
hěn duō bìngrén jiù huì páidào nín qiánmiàn,

您有可能今天就看不了病了。
nín yǒu kěnéng jīntiān jiù kàn bu liǎo bìng le.

还有，如果你的病情比较严重，还是越早看越好。
Hái yǒu, rúguǒ nǐ de bìngqíng bǐjiào yánzhòng, háishì yuè zǎo kàn yuè hǎo.

患者： 我明白了，那我就再等等吧。请问去洗手间怎么走?
Wǒ míngbai le, nà wǒ jiù zài děngdeng ba. Qǐng wèn qù xǐshǒujiān zěnme zǒu?

护士： 一直往前走，在电梯旁边就是。
Yìzhí wǎng qián zǒu, zài diàntī pángbiān jiù shì.

患者： 谢谢。
Xièxie.

词汇拓展 보충 표현 Track 15

对面 duìmiàn
맞은 편

红绿灯 hónglùdēng
신호등

人行横道 rénxíng héngdào
횡단보도

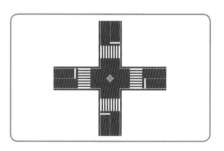

十字路口 shízì lùkǒu
사거리

练习题 연습문제

1 다음 단어의 의미를 연결해 보시오.

(1) 可能 ・   ・a 화장실

(2) 严重 ・   ・b 아마도

(3) 电梯 ・   ・c 심각하다

(4) 洗手间 ・   ・d 엘리베이터

2 아래 문장의 괄호 안에 알맞은 단어를 고르시오.

(1) 我 (   ) 再来行吗?

    ① 今天   ② 过一会儿   ③ 昨天   ④ 上个月

(2) 您有 (   ) 今天就看不了病了。

    ① 机会   ② 时间   ③ 可能   ④ 计划

3 다음 아래의 주어진 단어로 어순에 맞게 작문해 보시오.

(1) 我 / 看来 / 得 / 等 / 很长时间 / 。

_____

(2) 现在 / 我能 / 再来看病 / 挂号 / 下午 / 吗 / , / ?

_____

답 : 1. (1) b (2) c (3) d (4) a   2. (1) ② 过一会儿   (2) ③ 可能
     3. (1) 看来我得等很长时间。   (2) 我能现在挂号，下午再来看病吗？

常规体检

신체 검사

★ 중국어로 신체 검사 안내를 할 수 있다.

★ 중국어로 신체 관련 용어를 익힐 수 있다.

★ 신체 검사 관련 표현

★ 신체 검사 항목 관련 표현

重点句型 핵심 표현

1. 我先给您简单检查一下。
   Wǒ xiān gěi nín jiǎndān jiǎnchá yíxià.

2. 您身高是多少?
   Nín shēngāo shì duōshao?

3. 血压高压160、低压90。
   Xuèyā gāoyā yì bǎi liù、dīyā jiǔ shí.

常规体检 신체검사

 生词及常用语 단어 및 표현 **Track 16**

☐ 体温	tǐwēn	명	체온
☐ 脉搏	màibó	명	맥박
☐ 呼吸	hūxī	명 호흡 동 숨을 쉬다	
☐ 血压	xuèyā	명	혈압
☐ 重新	chóngxīn	부	다시
☐ 测量	cèliáng	동	측정하다
☐ 身高	shēngāo	명	신장. 키
☐ 体重	tǐzhòng	명	체중
☐ 体重计	tǐzhòngjì	명	체중계
☐ 平时	píngshí	명	평소. 평상시

重点句型 핵심 표현

① 我先给您简单检查一下。
　Wǒ xiān gěi nín jiǎndān jiǎnchá yíxià.

② 您身高是多少?
　Nín shēngāo shì duōshao?

③ 血压高压160、低压90。
　Xuèyā gāoyā yì bǎi liù、dīyā jiǔ shí.

护士: 我先给您简单检查一下。
Wǒ xiān gěi nín jiǎndān jiǎnchá yíxià.

（护士给患者测量了体温、脉搏、呼吸和血压。）
(Hùshi gěi Huànzhě cèliáng le tǐwēn, màibó, hūxī hé xuèyā)

患者: 都正常吧？
Dōu zhèngcháng ba?

护士: 血压有点儿高，高压160、低压90。
Xuèyā yǒu diǎnr gāo, gāoyā yì bǎi liù, dīyā jiǔ shí.

一会儿我们再测一次。
Yíhuìr wǒmen zài cè yí cì.

请换上这件衣服，然后坐在椅子上等一下，
Qǐng huànshang zhè jiàn yīfu, ránhòu zuòzài yǐzi shang děng yíxià,

我过一会儿，再来帮您重新量血压、身高和体重。
wǒ guò yíhuìr, zài lái bāng nín chóngxīn liáng xuèyā, shēngāo hé tǐzhòng.

护士: 先给您量体重，请站在体重计上。
Xiān gěi nín liáng tǐzhòng, qǐng zhànzai tǐzhòngjìshang.

您体重80公斤，跟平时的体重一样吗？
Nín tǐzhòng bā shí gōngjīn, gēn píngshí de tǐzhòng yíyàng ma?

患者: 是的，我平时的体重就是这些。
Shì de, wǒ píngshí de tǐzhòng jiù shì zhèxiē.

护士: 您身高是多少？
Nín shēngāo shì duōshao?

患者: 我一米八八。
Wǒ yì mǐ bā bā.

抽血 chōu xuè

채혈

胸透 xiōngtòu

흉부 엑스레이

心电图 xīndiàntú

심전도

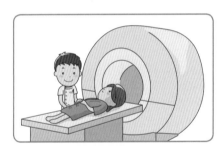

核磁共振 hécígòngzhèn

MRI

胃镜 wèijìng

위 내시경

肠镜 chángjìng

대장 내시경

练习题 연습문제

1 다음 단어의 의미를 연결해 보시오.

(1) 体检 ·　　　　　　　　 · a 신체검사

(2) 血压 ·　　　　　　　　 · b 호흡. 숨을 쉬다

(3) 平时 ·　　　　　　　　 · c 혈압

(4) 呼吸 ·　　　　　　　　 · d 평소. 평상시

2 아래 문장의 괄호 안에 알맞은 단어를 고르시오.

(1) 请（　　　）在体重计上。

　　① 坐　　② 用　　③ 看　　④ 站

(2) 过一会儿再来帮您（　　　）量血压及身高和体重。

　　① 重复　　② 重新　　③ 好好　　④ 慢慢

3 다음 아래의 주어진 단어로 어순에 맞게 작문해 보시오.

(1) 检查 / 先给您 / 简单 / 我 / 一下 / 。

_____

(2) 跟 / 一样 / 体重 / 平时的 / 吗 / ?

_____

답 : 1. (1) a (2) c (3) d (4) b　　　2. (1) ④ 站　(2) ② 重新
　　3. (1) 我先给您简单检查一下。　　(2) 跟平时的体重一样吗?

询问病史
과거 병력 조사

重点句型 핵심 표현

1. 您吸烟或喝酒吗?
Nín xīyān huò hējiǔ ma?

2. 您有过敏的食物或药物吗?
Nín yǒu guòmǐn de shíwù huò yàowù ma?

3. 我对抗生素过敏。
Wǒ duì kàngshēngsù guòmǐn.

生词及常用语 단어 및 표현　Track 19

□	疾病史	jíbìngshǐ	명 병력
□	降压药	jiàngyāyào	명 혈압약
□	吸烟	xīyān	동 담배를 피우다
□	不怎么	bù zěnme	부 별로. 그다지
□	偶尔	ǒu'ěr	부 가끔
□	过敏	guòmǐn	명 알러지
□	抗生素	kàngshēngsù	명 항생제
□	青霉素	qīngméisù	명 페니실린
□	虚汗	xūhàn	명 식은땀

重点句型 핵심 표현

① 您吸烟或喝酒吗？
Nín xīyān huò hējiǔ ma?

② 您有过敏的食物或药物吗？
Nín yǒu guòmǐn de shíwù huò yàowù ma?

③ 我对抗生素过敏。
Wǒ duì kàngshēngsù guòmǐn.

护士: 您家人中，有没有人得过
Nín jiārén zhōng, yǒu méi yǒu rén déguo

"高血压、糖尿病、肺结核或癌症"？
"gāoxuèyā, tángniàobìng, fèijiéhé huò áizhèng"?

患者: 有，我父亲有高血压，正在吃降压药。
Yǒu, wǒ fùqīn yǒu gāoxuèyā, zhèngzài chī jiàngyāyào.

护士: 您吸烟或喝酒吗？
Nín xīyān huò hējiǔ ma?

患者: 我抽烟但不怎么喝酒。
Wǒ chōuyān dàn bù zěnme hējiǔ.

护士: 您有过敏的食物或药物吗？
Nín yǒu guòmǐn de shíwù huò yàowù ma?

患者: 有，我对抗生素过敏。
Yǒu, wǒ duì kàngshēngsù guòmǐn.

护士: 您知道具体的药物名称吗？
Nín zhīdao jùtǐ de yàowù míngchēng ma?

患者: 两年前，我曾经打过青霉素，打了之后血压就突然
Liǎng nián qián, wǒ céngjīng dǎguo qīngméisù, dǎ le zhīhòu xuèyā jiù tūrán

降低，而且还出了很多虚汗。
jiàngdī, érqiě hái chū le hěn duō xūhàn.

护士: 好的，我知道了。
Hǎo de, wǒ zhīdao le.

词汇拓展 보충 표현

过敏性鼻炎 guòmǐnxìng bíyán

알러지성 비염

花粉过敏 huāfěn guòmǐn

꽃가루 알러지

海鲜过敏 hǎixiān guòmǐn

해산물 알러지

化妆品过敏 huàzhuāngpǐn guòmǐn

화장품 알러지

过敏源测试 guòmǐnyuán cèshì

알러지 유발 원인 테스트

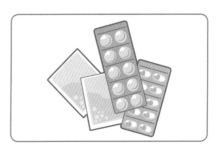

脱敏药 tuōmǐnyào

알러지약

练习题 연습문제

1 다음 단어의 의미를 연결해 보시오.

⑴ 过敏 ·   · a 가끔

⑵ 偶尔 ·   · b 혈압약

⑶ 降压药 ·   · c 항생제

⑷ 抗生素 ·   · d 알러지

2 아래 문장의 괄호 안에 알맞은 단어를 고르시오.

⑴ 我曾经打过 (   )，打了之后出了很多虚汗。

　① 人　　② 车　　③ 青霉素　④ 电话

⑵ 您知道 (   ) 的药物名称吗?

　① 特别　　② 专有　　③ 具体　　④ 那个

3 다음 아래의 주어진 단어로 어순에 맞게 작문해 보시오.

⑴ 我 / 两年前 / 青霉素 / 曾经 / 打过 /，/ 。

_____

⑵ 我 / 但 / 喝酒 / 不怎么 / 抽烟 / 。

_____

답：1. ⑴ d ⑵ a ⑶ b ⑷ c　　　2. ⑴ ③ 青霉素　⑵ ③ 具体
　　3. ⑴ 两年前，我曾经打过青霉素。　⑵ 我抽烟但不怎么喝酒。

血液检查
채혈(또는 혈액검사)

学习目标 학습 목표

★ 중국어로 채혈 용어를 표현할 수 있다.

★ 중국어로 혈액검사 용어를 익힐 수 있다.

学习内容 학습 내용

★ 채혈 관련 표현

★ 주사 종류 명칭

重点句型 핵심 표현

1. 请把胳膊上的袖子卷起来。
   Qǐng bǎ gēbo shang de xiùzi juǎnqǐlái.

2. 没事儿，放心吧!
   Méi shìr, fàngxīn ba!

3. 真的一点儿都不疼呢。
   Zhēn de yìdiǎnr dōu bù téng ne.

生词及常用语 단어 및 표현　Track 22

☐ 采血	cǎixiě	동	채혈
☐ 外套	wàitào	명	외투
☐ 袖子	xiùzi	명	소매
☐ 血管	xuèguǎn	명	혈관
☐ 握紧	wòjǐn	동	꽉 쥐다
☐ 揉	róu	동	비비다
☐ 创可贴	chuàngkětiē	명	밴드
☐ 血常规	xuèchángguī	명	혈액검사
☐ 血型	xuèxíng	명	혈액형

重点句型 핵심 표현

① 请把胳膊上的袖子卷起来。
Qǐng bǎ gēbo shang de xiùzi juǎnqǐlái.

② 没事儿，放心吧！
Méi shìr, fàngxīn ba!

③ 真的一点儿都不疼呢。
Zhēn de yìdiǎnr dōu bù téng ne.

(1) 采血 채혈

护士: 您好, 我要给您采血, 请脱下外套, 把胳膊上的
Nín hǎo, wǒ yào gěi nín cǎi xiě, qǐng tuōxià wàitào, bǎ gēbo shang de

袖子卷起来。
xiùzi juǎnqǐlai.

患者: 我打针的时候, 常听护士说我的血管看不清、
Wǒ dǎzhēn de shíhou, cháng tīng hùshì shuō wǒ de xuèguǎn kàn bu qīng,

不好找。
bù hǎo zhǎo.

护士: 没事儿, 放心吧! 我会一次成功的。
Méi shìr, fàngxīn ba! Wǒ huì yícì chénggōng de.

请握紧拳头, 会稍微有点疼, 请忍一下, 马上就好。
Qǐng wòjǐn quántou, huì shāowēi yǒudiǎn téng, qǐng rěn yíxià, mǎshàng jiù hǎo.

好了, 都结束了, 把手伸开吧!
Hǎo le, dōu jiéshù le, bǎ shǒu shēnkāi ba!

用另一只手按住棉球, 不要揉, 按三分钟差不多就行了。
Yòng lìng yì zhī shǒu ànzhù miánqiú, bú yào róu, àn sān fēnzhōng chàbuduō jiù xíng le.

患者: 真的一点儿都不疼呢, 谢谢您啦。
Zhēn de yì diǎnr dōu bù téng ne, xièxie nín la.

护士: 不客气, 一会儿止血以后, 我再帮你贴个创可贴。
Bú kèqi, yí huìr zhǐ xuè yǐhòu, wǒ zài bāng nǐ tiē ge chuàngkětiē.

课文 본문

(2) 采血 채혈

护士: 您好，大夫给您开了一个血常规化验，我帮您采血。
Nín hǎo, dàifu gěi nín kāi le yí ge xuèchángguī huàyàn, wǒ bāng nín cǎixiě.

患者: 都化验什么呀？
Dōu huàyàn shénme ya?

护士: 都是血常规化验，
Dōu shì xuèchángguī huàyàn,

主要看看您的红血球、血小板数值及血型等等。
zhǔyào kànkan nín de hóngxuèqiú, xuèxiǎobǎn shùzhí jí xuèxíng děngdeng.

等化验结果出来，给大夫看一下，大夫会跟您具体说明的。
Děng huàyàn jiéguǒ chūlai, gěi dàifu kàn yíxià, dàifu huì gēn nín jùtǐ shuōmíng de.

患者: 哦，我明白了。
Ò, wǒ míngbai le.

词汇拓展 보충 표현 `Track 24`

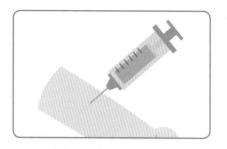

打针 dǎzhēn
주사를 놓다

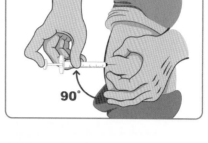

肌肉注射 jīròu zhùshè
근육 주사

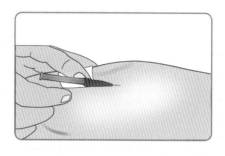

静脉注射 jìngmài zhùshè
정맥 주사

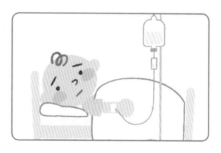

打点滴 dǎ diǎndī
수액(링거액)을 투약하다

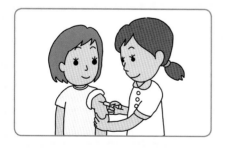

疫苗注射 yìmiáo zhùshè
백신 주사. 예방 주사

练习题 연습문제

1 다음 단어의 의미를 연결해 보시오.

(1) 血型 ·　　　　　　　·a 소매

(2) 袖子 ·　　　　　　　·b 혈액형

(3) 创可贴 ·　　　　　　·c 혈액검사

(4) 血常规 ·　　　　　　·d 밴드

2 아래 문장의 괄호 안에 알맞은 단어를 고르시오.

(1) 请（　　　）一下，马上就好 。

　　① 听　　　② 忍　　　③ 写　　　④ 读

(2) 常听护士说我的(　　　　) 看不清、不好找。

　　① 胳膊　　② 脸　　　③ 血管　　④ 脖子

3 다음 아래의 주어진 단어로 어순에 맞게 작문해 보시오.

(1) 袖子 / 胳膊上的 / 卷起来 / 把 / 。

_____

(2) 具体 / 大夫 / 会跟您 / 的 / 说明 / 。

_____

답 : 1. (1) b (2) a (3) d (4) c　　　2. (1) ② 忍　(2) ② 血管
　　　3. (1) 把胳膊上的袖子卷起来。　　(2) 大夫会跟您具体说明的。

54

尿液检查
소변검사

★ 중국어로 소변검사 과정을 설명할 수 있다.

★ 중국어로 소변검사 용어를 익힐 수 있다.

★ 소변검사 관련 표현

★ 신장 질병 관련 표현

1. **您需要做腹部CT检查。**
   Nín xūyào zuò fùbù CT jiǎnchá.

2. **为了确认您是否怀孕。**
   Wèi le quèrèn nín shìfǒu huáiyùn.

3. **为了以防万一。**
   Wèi le yǐfángwànyī.

生词及常用语 단어 및 표현 Track 25

□ 肾功能	shèn gōngnéng	몡 신장 기능
□ 尿常规检查	niàochángguī jiǎnchá	몡 소변 검사
□ （一次性）纸杯	(yícìxìng)zhǐbēi	몡 (일회용) 종이컵
□ 向	xiàng	전 …향하여
□ 怀孕	huáiyùn	몡 임신 동 임신하다
□ 胎儿	tāi'ér	몡 태아
□ 以防万一	yǐfángwànyī	만일의 경우에 대비하다
□ 相应	xiāngyìng	동 상응하다
□ 服用	fúyòng	동 복용하다

重点句型 핵심 표현

① 您需要做腹部CT检查。
Nín xūyào zuò fùbù CT jiǎnchá.

② 为了确认您是否怀孕。
Wèi le quèrèn nín shìfǒu huáiyùn.

③ 为了以防万一。
Wèi le yǐfángwànyī.

(1) 소변검사 - 남자용

护士: 您好，为了确认一下您的肾功能正常，
　　　Nín hǎo,　wèi le quèrèn yíxià nín de shèn gōngnéng zhèngcháng,

　　　需要先进行尿常规检查。
　　　xūyào xiān jìnxíng niàochángguī jiǎnchá.

患者: 好的。
　　　Hǎo de.

护士: 拿着这个纸杯，然后接三分之一的小便就行了。
　　　Názhe zhè ge zhǐbēi,　ránhòu jiē sān fēn zhī yī de xiǎobiàn jiù xíng le.

患者: 我不知道该怎么做啊！
　　　Wǒ bù zhīdao gāi zěnme zuò a!

护士: 我跟您说明一下！先小便，然后中间停一下，
　　　Wǒ gēn nín shuōmíng yíxià!　Xiān xiǎobiàn,　ránhòu zhōngjiān tíng yíxià,

　　　把您的小便接在这个纸杯里就行了。
　　　bǎ nín de xiǎo biàn jiēzài zhè ge zhǐbēi li jiù xíng le.

患者: 好的，我明白了。洗手间在哪儿？
　　　Hǎo de,　wǒ míngbai le.　Xǐshǒujiān zài nǎr?

护士: 向左走就能看见了。
　　　Xiàng zuǒ zǒu jiù néng kànjiàn le.

患者: 好的，知道了。
　　　Hǎo de,　zhīdao le.

课文 본문

(2) 소변검사 - 여자용

护士: 在拍片之前，为了确认您是否怀孕，需要做一下
Zài pāi piàn zhīqián, wèi le quèrèn nín shìfǒu huáiyùn, xūyào zuò yíxià

尿常规检查。
niàochángguī jiǎnchá.

患者: 我没有怀孕啊！为什么要做尿常规检查呢？
Wǒ méiyǒu huáiyùn a! Wèi shénme yào zuò niàochángguī jiǎnchá ne?

护士: 拍片或者服用药物会对胎儿有很严重的影响，
Pāi piàn huòzhě fúyòng yàowù huì duì tāi'ér yǒu hěn yánzhòng de yǐngxiǎng,

所以为了以防万一，所有女性在接受治疗前，
suǒyǐ wèi le yǐfángwànyī, suǒyǒu nǚxìng zài jiēshòu zhìliáo qián,

都要进行尿常规检查。
dōu yào jìnxíng niàochángguī jiǎnchá.

确定没有怀孕后，才会进行相应检查及用药。
Quèdìng méiyǒu huáiyùn hòu, cái huì jìnxíng xiāng yìng jiǎnchá jí yòngyào.

患者: 我明白了，检查结果大概要等多长时间啊？
Wǒ míngbai le, jiǎnchá jiéguǒ dàgài yào děng duō chǎng shíjiān a?

护士: 差不多一个小时左右。您在这里等的话，一出结果
Chàbuduō yí ge xiǎoshí zuǒyòu. Nín zài zhèli děng de huà, yì chū jiéguǒ

就告诉您，给您纸杯。
jiù gàosù nín, gěi nín zhǐbēi.

患者: 好的，谢谢。
Hǎo de, xièxie.

词汇拓展 보충 표현 Track 27

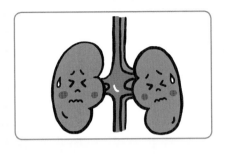

慢性肾炎 mànxìng shènyán
만성 신장염

急性肾炎 jíxìng shènyán
급성 신장염

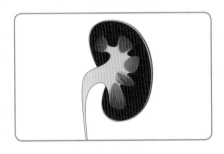

肾结石 shèn jiéshí
신장결석

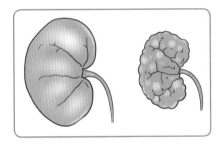

肾衰竭 shèn shuāijié
신부전

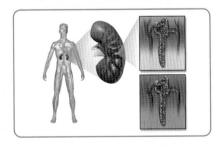

尿毒症 niàodúzhèng
요독증

尿路感染 niàolùgǎnrán
요로감염

PART 9　尿液检查

1 다음 단어의 의미를 연결해 보시오.

(1) 怀孕 · · a 신장 기능

(2) 服用 · · b 임신

(3) 肾功能 · · c 복용하다

(4) 尿常规检查 · · d 소변 검사

2 아래 문장의 괄호 안에 알맞은 단어를 고르시오.

(1) 为了确认一下您的肾功能正常，需要先进行（　　　）检查。

① 胸部　② 腹部　③ 尿常规　④ 胃肠

(2) 拍片或者（　　　）药物会对胎儿有很严重的影响。

① 购买　② 准备　③ 丢失　④ 服用

3 다음 아래의 주어진 단어로 어순에 맞게 작문해 보시오.

(1) 呢 / 为什么 / 尿常规 / 要做 / 检查 / ?

_____

(2) 啊 / 等 / 要 / 多长时间 / 大概 / ?

_____

답 : 1. (1) b (2) c (3) a (4) d　　　2. (1) ③ 尿常规　(2) ④ 服用
　　3. (1) 为什么要做尿常规检查呢?　　(2) 大概要等多长时间啊?

60

皮肤过敏测试

피부반응검사

学习目标 학습 목표

★ 중국어로 약물 알러지 유무를 물어 볼 수 있다.

★ 중국어로 피부 알러지 테스트 관련 용어를 익힐 수 있다.

学习内容 학습 내용

★ 약물 알러지 유무 조사 관련 표현

★ 상용 약물의 명칭

重点句型 핵심 표현

1. 您之前打过青霉素吗?
   Nín zhīqián dǎguo qīngméisù ma?

2. 什么反应都没有。
   Shénme fǎnyìng dōu méi yǒu.

3. 如果您感到任何不适，请马上告诉我。
   Rúguǒ nín gǎndao rènhé búshì, qǐng mǎshàng gàosu wǒ.

生词及常用语 단어 및 표현　Track 28

☐ 肺炎	fèiyán	명	폐렴
☐ 症状	zhèngzhuàng	명	증상
☐ 缓解	huǎnjiě	동	완화시키다
☐ 病情	bìngqíng	명	병세
☐ 反应	fǎnyìng	명	반응
☐ 皮试	píshì	명	알러지 테스트
☐ 不适	búshì	형	불편하다
☐ 起红点	qǐ hóngdiǎn	동	붉은 점이 생기다
☐ 头晕	tóuyūn	형	머리가 어지럽다
☐ 出汗	chū hàn	동	땀이 나다
☐ 红肿	hóngzhǒng	동	빨갛게 부어오르다

重点句型 핵심 표현

① 您之前打过青霉素吗?
Nín zhīqián dǎguo qīngméisù ma?

② 什么反应都没有。
Shénme fǎnyìng dōu méi yǒu.

③ 如果您感到任何不适，请马上告诉我。
Rúguǒ nín gǎndao rènhé búshì, qǐng mǎshàng gàosu wǒ.

护士： 您有肺炎症状，为了缓解病情，需要注射青霉素。
Nín yǒu fèiyán zhèngzhuàng, wèi le huǎnjiě bìngqíng, xūyào zhùshè qīngméisù.

但是有些人对青霉素过敏，所以要先给你做一下皮试。
Dànshì yǒuxiē rén duì qīngméisù guòmǐn, suǒyǐ yào xiān gěi nǐ zuò yíxià píshì.

您之前打过青霉素吗？
Nín zhīqián dǎguo qīngméisù ma?

患者： 是的，我之前打过青霉素。
Shì de, wǒ zhīqián dǎguo qīngméisù.

护士： 打的时候，有没有出现过敏反应？
Dǎ de shíhou, yǒu méi yǒu chūxiàn guòmǐn fǎnyìng?

患者： 没有，什么反应都没有。
Méi yǒu, shénme fǎnyìng dōu méi yǒu.

护士： 好的，我知道了。那您有没有其他药物过敏？
Hǎo de, wǒ zhīdao le. Nà nín yǒu méi yǒu qítā yàowù guòmǐn?

患者： 没有。
Méi yǒu.

护士： 那好，现在我就给您做皮试，请伸出右手。
Nà hǎo, xiànzài wǒ jiù gěi nín zuò píshì, qǐng shēnchū yòushǒu.

患者： 好的。
Hǎo de.

护士： 如果您感到任何不适，如身上起红点、头晕、出
Rúguǒ nín gǎndào rènhé búshì, rú shēnshang qǐ hóngdiǎn, tóuyūn, chū

汗，请马上告诉我。
hàn, qǐng mǎshàng gàosu wǒ.

课文 본문

（15分钟后） 15분후
(shí wǔ fēnzhōng hòu)

护士： 好的，皮试结束了，打针的部位没有出现红肿，证明
Hǎo de, píshì jiéshù le, dǎzhēn de bùwèi méi yǒu chūxiàn hóngzhǒng, zhèngmíng

您对青霉素不过敏。
nín duì qīngméisù bú guòmǐn.

接下来，我就给您打青霉素。
Jiēxiàlái, wǒ jiù gěi nín dǎ qīngméisù.

患者： 请轻一点儿！
Qǐng qīng yìdiǎnr!

护士： 放心吧！放松，握紧拳头，现在开始给您打针。
Fàngxīn ba! Fàngsōng, wòjǐn quántou, xiànzài kāishǐ gěi nín dǎzhēn.

好了，打完了，用手按住，千万不要揉哦！
Hǎo le, dǎwán le, yòng shǒu ànzhù, qiānwàn bú yào róu o!

词汇拓展 보충 표현

消炎药 xiāoyányào

소염제

止痛药 zhǐtòngyào

진통제

退烧药 tuìshāoyào

해열제

止咳药 zhǐkéyào

기침약

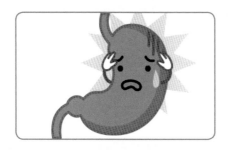

消化药 xiāohuàyào

소화제

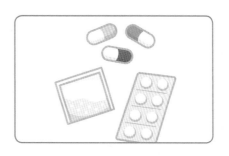

感冒药 gǎnmàoyào

감기약

1 다음 단어의 의미를 연결해 보시오.

(1) 肺炎 ·   · a 병세

(2) 病情 ·   · b 폐렴

(3) 不适 ·   · c 완화시키다

(4) 缓解 ·   · d 불편하다

2 아래 문장의 괄호 안에 알맞은 단어를 고르시오.

(1) 打的时候，有没有出现过敏 (   ) ?

① 结果   ② 反应   ③ 原因   ④ 测试

(2) 打针的部位没有出现 (   )，证明您对青霉素不过敏。

① 发烧   ② 充血   ③ 红肿   ④ 发炎

3 다음 아래의 주어진 단어로 어순에 맞게 작문해 보시오.

(1) 之前 / 青霉素 / 打过 / 您 / 吗 / ?

_____

(2) 我 / 给您 / 现在 / 就 / 做皮试 / 。

_____

답 : 1. (1) b (2) a (3) d (4) c   2. (1) ② 反应 (2) ③ 红肿
　　3. (1) 您之前打过青霉素吗?   (2) 现在我就给您做皮试。

66

胸透检查
흉부 영상검사

- ★ 중국어로 흉부 영상 검사 과정을 설명 할 수 있다.
- ★ 중국어로 흉부 영상 검사 용어를 익힐 수 있다.

学习内容 학습 내용

- ★ 흉부 영상 검사 관련 표현
- ★ 내장 기관 질병 관련 명칭

重点句型 핵심 표현

1. 我带您去放射科，请跟我来。
   Wǒ dài nín qù fàngshèkē, qǐng gēn wǒ lái.

2. 我都要做哪些准备呢？
   Wǒ dōu yào zuò nǎxiē zhǔnbèi ne?

3. 很快就能结束。
   Hěn kuài jiù néng jiéshù.

胸透检查 흉부영상검사

📝 生词及常用语 단어 및 표현 Track 31

☐	胸透	xiōngtòu	몡 흉부 영상 검사
☐	放射科	fàngshèkē	몡 영상 의학과
☐	器官	qìguān	몡 기관
☐	支气管	zhīqìguǎn	몡 기관지
☐	戴	dài	동 착용하다
☐	首饰	shǒushì	몡 액세서리
☐	深吸气	shēn xīqì	동 깊이 들이마시다
☐	屏气	bǐngqì	동 숨을 참다

重点句型 핵심 표현

① 我带您去放射科，请跟我来。
Wǒ dài nín qù fàngshèkē, qǐng gēn wǒ lái.

② 我都要做哪些准备呢？
Wǒ dōu yào zuò nǎxiē zhǔnbèi ne?

③ 很快就能结束。
Hěn kuài jiù néng jiéshù.

课文 본문 Track 32

患者: 护士，您好！请问在住院前，我还需要做哪些检查？
Hùshi, nín hǎo! Qǐng wèn zài zhùyuàn qián, wǒ hái xūyào zuò nǎ xiē jiǎnchá?

护士: 您还需要做一次胸透检查。
Nín hái xūyào zuò yí cì xiōngtòu jiǎnchá.

我带您去放射科，请跟我来。
Wǒ dài nín qù fàngshèkē, qǐng gēn wǒ lái.

患者: 护士，为什么要做胸透呢？
Hùshi, wèi shénme yào zuò xiōngtòu ne?

护士: 在住院之前，我们要确认一下，您胸内部各个器官
Zài zhùyuàn zhīqián, wǒmen yào quèrèn yíxià, nín xiōng nèibù gè ge qìguān

是否正常。比如心脏、肺、支气管等等。
shìfǒu zhèngcháng. Bǐrú xīnzàng, fèi, zhīqìguǎn děngdeng.

患者: 噢，是这样啊，好的，我知道了。
Ào, shì zhèyàng a, hǎo de, wǒ zhīdao le.

那我都要做哪些准备呢？
Nà wǒ dōu yào zuò nǎ xiē zhǔnbèi ne?

护士: 按照放射科医生的要求做就行。先把身上戴的首饰摘
Ànzhào fàngshèkē yīshēng de yāoqiú zuò jiùxíng. Xiān bǎ shēnshang dài de shǒushì zhāi

下来，然后换上体检服就可以了。准备好了以后，
xiàlái, ránhòu huànshàng tǐjiǎnfú jiù kěyǐ le. Zhǔnbèihǎo le yǐhòu,

进入放射室，站在机器正前方，双手背在身后，背
jìnrù fàngshèshì, zhànzài jīqì zhèng qiánfāng, shuāngshǒu bèizài shēnhòu, bèi

在身后，深吸气，然后屏气，差不多坚持五秒钟就好了。
zài shēnhòu, shēn xīqì, ránhòu bǐngqì, chàbuduō jiānchí wǔ miǎo zhōng jiù hǎo le.

患者: 听起来没有我想得那么复杂啊！好的，我知道了。
Tīngqǐlái méi yǒu wǒ xiǎng de nàme fùzá a! Hǎo de, wǒ zhīdao le.

护士: 是的，很快就能结束。
Shì de, hěn kuài jiù néng jiéshù.

词汇拓展 보충 표현 Track 33

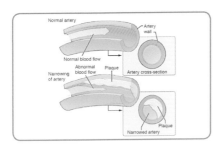

冠心病 guānxīnbìng
관상동맥경화증

心肌梗塞 xīnjī gěngsāi
심근경색

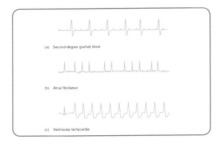

心律不齐 xīnlǜ bùqí
부정맥. 심장 박동이 불규칙한 증상

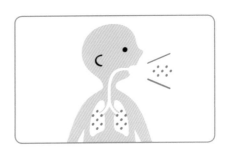

肺炎 fèiyán
폐렴

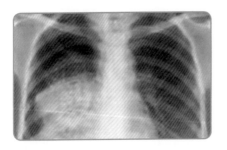

肺结核 fèijiéhé
폐결핵

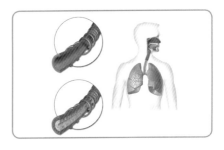

气管炎 qìguǎnyán
기관지염

 **练习题** 연습문제

1 다음 단어의 의미를 연결해 보시오.

(1) 首饰 ·   · a 기관

(2) 器官 ·   · b 숨을 참다

(3) 屏气 ·   · c 기관지

(4) 支气管 ·   · d 액세서리

2 아래 문장의 괄호 안에 알맞은 단어를 고르시오.

(1) 请问在住院前，我还需要做哪些(   )？

① 作业   ② 检查   ③ 家务活   ④ 运动

(2) 我们要确认一下，您胸内部各个 (   ) 是否正常。

① 机器   ② 开关   ③ 信号   ④ 器官

3 다음 아래의 주어진 단어로 어순에 맞게 작문해 보시오.

(1) 我 / 那 / 哪些准备 / 都要 / 做 / 呢 / ？

_____

(2) 那么复杂 / 我想得 / 没有 / 听起来 / 啊 / !

_____

답：1. (1) d (2) a (3) b (4) c   2. (1) ② 检查 (2) ④ 器官
　　3. (1) 那我都要做哪些准备呢？   (2) 听起来没有我想得那么复杂啊!

PART 11 胸透检查

71

静脉输液

정맥주사

重点句型 핵심 표현

1. 检查前需要空腹，所以不能进食。
   Jiǎnchá qián xūyào kōngfù, suǒyǐ bù néng jìnshí.

2. 能不能快点儿?
   Néng bu néng kuài diǎnr?

3. 这药有什么效果?
   Zhè yào yǒu shénme xiàoguǒ?

静脉输液 정맥주사

 生词及常用语 단어 및 표현　Track 34

☐	静脉输液	jìngmài shūyè	몡 정맥주사
☐	输液器	shūyèqì	몡 수액기. 링거 기구
☐	葡萄糖	pútáotáng	몡 포도당
☐	维持	wéichí	동 유지하다
☐	空腹	kōngfù	몡 공복. 빈속
☐	进食	jìnshí	동 식사하다. 음식을 먹다
☐	根据	gēnjù	전 …에 따르면
☐	滴速	dīsù	몡 수액 속도
☐	加重	jiāzhòng	동 가중되다
☐	负担	fùdān	몡 부담

重点句型 핵심 표현

① 检查前需要空腹，所以不能进食。
Jiǎnchá qián xūyào kōngfù, suǒyǐ bù néng jìnshí.

② 能不能快点儿？
Néng bu néng kuài diǎnr?

③ 这药有什么效果？
Zhè yào yǒu shénme xiàoguǒ?

患者: 护士，这是什么？
Hùshi, zhè shì shénme?

护士: 这是静脉输液用的液体。
Zhè shì jìngmài shūyè yòng de yètǐ.

患者: 什么是静脉输液？
Shénme shì jìngmài shūyè?

护士: 静脉输液里面的液体与人体内的体液成分相近，
Jìngmài shūyè lǐmiàn de yètǐ yǔ réntǐ nèi de tǐyè chéngfèn xiāngjìn,

通过输液器注入人们的血液中。
tōngguò shūyèqì zhùrù rénmen de xuèyè zhōng.

患者: 这个袋子里面是什么？
Zhè ge dàizi lǐmiàn shì shénme?

护士: 是葡萄糖，由于您检查前需要空腹，所以不能进食。
Shì pútáotáng, yóuyú nín jiǎnchá qián xūyào kōngfù, suǒyǐ bù néng jìnshí.

这个输液不但能维持体内血糖正常，而且还可以
Zhè ge shūyè búdàn néng wéichí tǐnèi xuètáng zhèngcháng, érqiě hái kěyǐ

减少饥饿感。
jiǎnshǎo jī'ègǎn.

患者: 原来如此！能不能快点儿？
Yuánlái rúcǐ! Néng bu néng kuài diǎnr?

护士: 不行，输液滴速是根据患者身体状况决定的。
Bù xíng, shūyè dīsù shì gēnjù huànzhě shēntǐ zhuàngkuàng juédìng de.

如果速度过快，容易加重心脏及肺的负担。
Rúguǒ sùdù guòkuài, róngyì jiāzhòng xīnzàng jí fèi de fùdān.

患者: 我现在有点儿饿，我什么时候可以吃饭？
Wǒ xiànzài yǒudiǎr è, wǒ shénme shíhou kěyǐ chīfàn?

 **课文** 본문

护士： 明天就可以了，我这儿还有一些医生开给您的药。
Míngtiān jiù kěyǐ le, wǒ zhèr hái yǒu yìxiē yīshēng kāi gěi nín de yào.

患者： 这药有什么效果？
Zhè yào yǒu shénme xiàoguǒ?

护士： 这是治疗肚子疼的药。
Zhè shì zhìliáo dùzi téng de yào.

患者： 明白了，一天吃几次？
Míngbai le, yì tiān chī jǐ cì?

护士： 一天三次，饭后服用。
Yì tiān sān cì, fàn hòu fúyòng.

患者： 谢谢。
Xièxie.

词汇拓展 보충 표현 Track 36

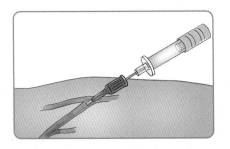

针头 zhēntóu
(정맥주사용) 바늘

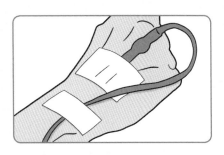

胶带 jiāodài
(정맥주사용) 테이프

跑针/走针 pǎo zhēn / zǒu zhēn
(정맥 주사를 잘못 놓아)
주사 부위가 부어오르다

换药 huànyào
수액을 바꾸다

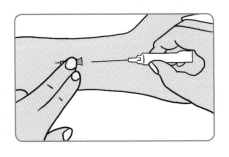

拔针 bá zhēn
(정맥주사를 끝내고) 바늘을 뽑다

酒精棉 jiǔjīngmián
소독용 알코올 솜

PART 12　静脉输液

练习题 연습문제

1 다음 단어의 의미를 연결해 보시오.

(1) 空腹　　·　　　　　·a 유지하다

(2) 滴速　　·　　　　　·b 수액 속도

(3) 维持　　·　　　　　·c 공복

(4) 静脉输液·　　　　　·d 정맥주사

2 아래 문장의 괄호 안에 알맞은 단어를 고르시오.

(1) 静脉输液里面的液体与人体内的体液成分 (　　　　)。

　　① 相同　　② 相近　　③ 相反　　④ 相关

(2) 由于您检查前需要空腹，所以不能 (　　　) 。

　　① 睡觉　　② 运动　　③ 进食　　④ 休息

3 다음 아래의 주어진 단어로 어순에 맞게 작문해 보시오.

(1) 里面 / 是 / 这个 / 什么 / 袋子 / ?

_____

(2) 服用 / 一天 / 饭后 / 三次 / , / 。

_____

답 : 1. (1) c (2) b (3) a (4) d　　　　2. (1) ② 相近　(2) ③ 进食
　　 3. (1) 这个袋子里面是什么?　　　(2) 一天三次，饭后服用。

肌肉注射

근육주사

重点句型 핵심 표현

1. 准备好了吗?
   Zhǔnbèi hǎo le ma?

2. 您需要揉一揉。
   Nín xūyào róu yi róu.

3. 打针之后，您的痛症就会缓解的。
   Dǎ zhēn zhī hòu, nín de tòngzhèng jiù huì huǎnjiě de.

肌肉注射 근육주사

 生词及常用语 단어 및 표현　Track 37

☐ 注射器	zhùshèqì	몡 주사기
☐ 腹部	fùbù	몡 복부
☐ 臀部	túnbù	몡 둔부. 엉덩이 부위
☐ 止痛针	zhǐtòngzhēn	몡 진통제 주사
☐ 缓解	huǎnjiě	동 완화되다. 완화시키다
☐ 脱	tuō	동 (옷을) 벗다
☐ 酒精棉	jiǔjīng mián	몡 알코올 솜
☐ 消毒	xiāodú	몡 소독 동 소독하다
☐ 吸收	xīshōu	동 흡수하다
☐ 揉	róu	동 문지르다

重点句型 핵심 표현

① 准备好了吗?
　Zhǔnbèi hǎo le ma?

② 您需要揉一揉。
　Nín xūyào róu yi róu.

③ 打针之后，您的痛症就会缓解的。
　Dǎ zhēn zhī hòu, nín de tòngzhèng jiù huì huǎnjiě de.

护士: (走向病人)您好!
(zǒu xiàng bìngrén) Nín hǎo !

患者: 您好！
Nín hǎo!

护士: (取出注射器)腹部很痛吧！
(qǔchū zhùshèqì) Fùbù hěn tòng ba!

现在我要在您的臀部上打止痛针。
Xiànzài wǒ yào zài nín de túnbù shang dǎ zhǐtòngzhēn.

打针之后，您的痛症就会缓解的，请把裤子脱到
Dǎ zhēn zhī hòu, nín de tòngzhèng jiù huì huǎnjiě de, qǐng bǎ kùzi tuōdào

腰下一点。准备好了吗?
yāoxià yìdiǎn. Zhǔnbèihǎo le ma?

病人: 准备好了 。
Zhǔnbèihǎo le.

护士: 我先用酒精棉替你消毒。
Wǒ xiān yòng jiǔjīngmián tì nǐ xiāodú.

(用酒精棉擦拭后，开始注射)疼吗?
(yòng jiǔjīngmián cāshì hòu, kāishǐ zhùshè) téng ma?

为了让药更好地吸收，您需要揉一揉。
Wèi le ràng yào gènghǎo de xīshōu, nín xūyào róu yi róu.

病人: 一点儿也不痛，谢谢您啦！
Yìdiǎnr yě bú tòng, xièxie nín la!

肌肉注射	皮下注射
근육 주사	피하 주사
静脉注射	皮内注射
정맥 주사	피내 주사

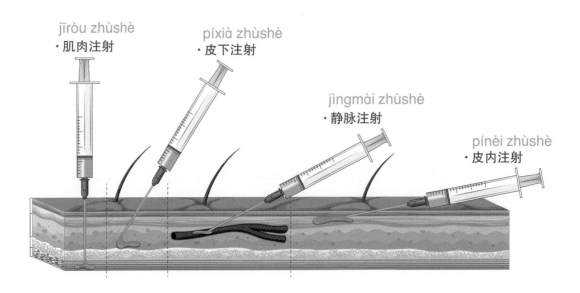

jīròu zhùshè
·肌肉注射

píxià zhùshè
·皮下注射

jìngmài zhùshè
·静脉注射

pínèi zhùshè
·皮内注射

练习题 연습문제

1 다음 단어의 의미를 연결해 보시오.

(1) 腹部 ·   · a 흡수하다

(2) 消毒 ·   · b 완화되다

(3) 缓解 ·   · c 소독하다

(4) 吸收 ·   · d 복부

2 아래 문장의 괄호 안에 알맞은 단어를 고르시오.

(1) 请把裤子脱到 (   ) 下一点。

　① 脸　　② 胳膊　　③ 肩膀　　④ 腰

(2) 您打针一点儿也不 (   )，谢谢您啦!

　① 香　　② 痛　　③ 臭　　④ 辣

3 다음 아래의 주어진 단어로 어순에 맞게 작문해 보시오.

(1) 请 / 裤子 / 腰下一点 / 把 / 脱到 / 。

_____

(2) 要在 / 止痛针 / 打 / 我 / 您的臀部上 / 。

_____

答：1. (1) d (2) c (3) b (4) a　　2. (1) ④ 腰　(2) ② 痛
　　3. (1) 请把裤子脱到腰下一点。　(2) 我要在您的臀部上打止痛针。

해석

01 电话预约
전화예약

본문해석 P.9

간호사 : 안녕하세요! 한국 병원 진료 예약 센터입니다. 무엇을 도와드릴까요?

환자 : 네. 저는 李明입니다. 제가 이번 주 월요일이나 화요일 오전 시간으로 안과 진료를 예약하려고 합니다.

간호사 : 네. 잠시만요. 제가 한 번 봐 드리겠습니다. 죄송하지만 이번 주 월요일과 화요일 진료는 이미 예약이 다 차 있습니다. 수요일은 어떠신가요?

환자 : 제가 수요일 회사에서 중요한 회의가 있습니다. 혹시 주말 진료도 하십니까?

간호사 : 죄송합니다만, 저희 병원은 주말에 진료를 하지 않습니다.

환자 : 그럼 금요일은 어때요?

간호사 : 금요일이요? 잠시만 기다리십시오. 제가 한 번 확인해보겠습니다. 금요일 오후 예약 가능합니다.

환자 : 잘됐네요. 그럼 금요일 오후로 진료 예약 부탁드립니다. 감사합니다.

02 当天预约
당일예약

본문해석 P.15

아버지 : 안녕하십니까? 한국병원 소아과 외래입니까?

간호사 : 네, 맞습니다. 저는 담당 간호사입니다. 무엇을 도와 드릴까요?

아버지 : 아이가 병이 났는데 어느 과로 가야 할지 몰라서 여쭤보려고 합니다.

간호사 : 아이가 몇 살이지요? 어디가 불편한데요?

아버지 : 아이가 태어난 지 6개월 되었습니다. 2일 전부터 팔과 어깨 위에 붉은 반점이 생겼습니다.

간호사 : 혹시 다른 부위에도 붉은 반점이 생겼습니까?

아버지 : 왼쪽 다리에도 있습니다.

간호사 : 체온을 재보셨나요? 열이 납니까?

아버지 : 제가 열을 재보았는데, 오늘 아침에는 39도까지 올라갔습니다.

간호사 : 또 다른 증상이 있나요?

아버지 : 왜 그런지 모르겠지만 오늘 하루 종일 먹지도 않고 울기만 합니다.

간호사 : 아이가 아마 바이러스에 감염된 것 같네요.

아버지 : 바이러스 감염이라고요? 맙소사! 그럼 제가 어떻게 해야 합니까?

아버지 : 지금 즉시 아이를 데리고 응급실로 가서 진료를 보는 것이 좋겠어요.

아버지 : 네, 알겠습니다. 대단히 감사합니다.

간호사 : 아닙니다. 빨리 병원에 가세요.

03 挂号
초진접수

본문해석 P.21

간호사 : 어디가 불편하세요?

환자　 : 열이 나고 온몸에 힘이 없습니다.

간호사 : 이런 증상이 얼마나 됐어요?

환자　 : 어제저녁부터 지금까지 계속 불편합니다.

간호사 : 이전에 우리 병원에 오신 적이 있나요?

환자　 : 아니오. 저는 얼마 전에 이 근처로 이사 왔습니다.

간호사 : 알겠습니다. 먼저 이 접수 신청서를 작성해 주셔야 해요. 여기에 이름, 나이, 성별, 주소 및 연락처를 적어주세요.

환자　 : 제가 어느 과 진료를 신청해야 할까요?

간호사 : 내과로 가셔야 해요.

환자　 : 접수 신청서를 다 작성했습니다. 여기 있습니다.

간호사 : 먼저 수납처에 가셔서 수납하신 후에 내과로 가세요.

환자　 : 네. 내과는 몇 층에 있습니까?

간호사 : 에스컬레이터를 타고 3층으로 올라가서 왼쪽 복도 끝까지 가시면 돼요.

환자　 : 네, 정말 감사합니다.

간호사 : 별말씀을요.

04 复诊挂号
재진접수

본문해석 P.27

간호사 : 진료받으러 오셨습니까?

환자　 : 네. 어디에서 접수를 하나요?

간호사 : 여기가 맞습니다. 이전에 오신 적이 있습니까?

환자　 : 네, 1년 전에 온 적이 있습니다.

간호사 : 접수 카드가 있습니까?

환자　 : 네, 여기요.

간호사 : 마지막으로 병원에 오신 것이 언제입니까?

환자　 : 온 적이 있어요. 한 1주일 정도 되었는데요.

간호사 : 그럼, 제가 한 번 찾아보겠습니다.

환자　 : 제 생일은 1982년 2월 15일입니다.

간호사 : 네, 저희가 개인 정보는 좀 더 필요로하는데, 직업이 어떻게 되나요?

환자　 : 저는 직장인입니다.

간호사 : 결혼하셨습니까?

환자　 : 네, 결혼했습니다.

간호사 : 주소 좀 불러주시겠습니까?

환자　 : 동대문구 이문로 107호에서 삽니다.

간호사 : 재진도 접수비를 수납하셔야 돼요. 접수비 수납을 부탁드립니다.

환자　 : 얼마예요?

간호사 : 만원입니다. 여기는 영수증하고 거스름돈이에요. 이것은 접수카드인데요, 다음에 오실 때 가져오시면 됩니다.

환자　 : 네, 감사합니다.

05 候诊
접수 후 대기

본문해석   P.33

환자 : 오늘 환자가 많네요. 보니까 오래 기다려야 할 것 같군요. 이렇게 바쁘니까 좀 이따가 다시 와도 될까요?

간호사 : 조금만 더 기다리시는 것이 나을 것 같은데요. 접수 시간이 8시부터 11시까지인데 지금 벌써 10시 15분입니다.

환자 : 지금 접수하고, 오후에 다시 와서 진료를 받아도 될까요?

간호사 : 그래도 됩니다만 여기서 기다리지 않으면 다른 환자들의 접수 순서가 환자분보다 더 빠를 수 있습니다. 그렇게 되면 오늘 진료 못 보실 수도 있습니다. 아무래도 만약 통증이 심하시면 일찍 진료를 보는 것이 좋겠습니다.

환자 : 알겠어요. 그럼 제가 좀 더 기다리겠습니다. 실례합니다만 화장실이 어디에 있어요?

간호사 : 앞으로 쭉 가세요. 엘리베이터 옆이 바로 화장실이에요.

환자 : 감사합니다.

06 常规体检
신체검사

본문해석   P.39

간호사 : 제가 먼저 간단한 검사를 하겠습니다.
　　　　(간호사가 체온, 맥박, 호흡 및 혈압을 측정한다.)

환자 : 다 정상이지요?

간호사 : 혈압이 좀 높네요. 160의 90입니다. 조금 뒤 다시 한 번 재 보겠습니다. 먼저 이 옷으로 갈아입은 후 의자에 앉아 계시면 제가 잠시 후 다시 와서 혈압과 키, 체중을 재겠습니다.

간호사 : 체중 먼저 잴게요. 체중계 위에 서 보세요. 체중이 80kg이네요. 평소와 비슷한가요?

환자 : 네, 평상시 체중이 그렇습니다.

간호사 : 키는 얼마인가요?

환자 : 188cm입니다.

07 询问病史
과거병력조사

본문해석   P.45

간호사 : 가족 중에 고혈압, 당뇨, 결핵 또는 암 환자가 있습니까?

환자　 : 네, 아버지가 혈압이 높아서 약을 드시고 계십니다.

간호사 : 담배를 피우거나 술을 드시나요?

환자　 : 담배는 피우는데 술은 별로 마시지 않아요.

간호사 : 음식이나 약물에 대한 알러지가 있어요?

환자　 : 네, 저는 항생제 알러지가 있습니다.

간호사 : 혹시 어떤 약인지 알고 계세요?

환자　 : 2년 전에 페니실린 주사를 맞은 후 갑자기 혈압이 떨어지고 식은땀이 난 적이 있어요.

간호사 : 네, 알겠습니다.

08 血液检查
채혈(또는 혈액검사)

본문해석   P.51

채혈 (1)

간호사 : 안녕하세요? 채혈하겠습니다. 채혈을 하기 위해서 겉옷을 벗고, 팔 소매를 걷어 주십시오.

환자　 : 주사를 맞을 때마다 간호사분들이 항상 혈관이 잘 보이지 않아 찾기 힘들다고 하더군요.

간호사 : 괜찮아요, 걱정하지 마세요. 제가 한 번에 성공할 수 있습니다. 주먹을 꽉 쥐세요. 조금 따갑지만 참으세요. 금방 끝납니다. 자 채혈이 끝났습니다. 이제 손을 펴시고, 다른 손으로 알코올 솜을 눌러 주십시오. 문지르지 마시고요. 삼분 정도 누르시면 됩니다.

환자　 : 정말 하나도 안 아프네요, 고맙습니다.

간호사 : 별말씀을요. 이따가 지혈된 후에 밴드 하나 붙여드리겠습니다.

채혈 (2)

간호사 : 안녕하세요? 혈액검사 처방이 있어서 채혈 좀 하겠습니다.

환자　 : 무슨 검사지요?

간호사 : 혈액 검사를 통해 혈액 속 적혈구, 혈소판 수치 및 혈액형을 검사할 거예요. 검사 결과가 나오면 의사 선생님이 보시고 구체적으로 설명해주실 거예요.

환자　 : 아, 알겠습니다.

⑨ 尿液检查
소변검사

본문해석 P.57

소변검사 (1) – 남자용

간호사 : 안녕하세요? 환자분의 신장기능 정상인지를 알아보기 위해 먼저 소변검사를 해야 합니다.

환자 : 네.

간호사 : 여기 종이컵에 1/3 정도 소변을 받아 오세요.

환자 : 어떻게 해야 하는지 모르겠어요.

간호사 : 네, 설명해 드릴게요. 소변을 보시다가 중간에 소변을 멈추세요. 그리고 나서 이 컵에 소변을 받으면 됩니다.

환자 : 네, 알겠습니다. 화장실이 어디인가요?

간호사 : 왼쪽으로 가면 있습니다.

환자 : 네 알겠습니다.

소변검사 (2) – 여자용

간호사 : 영상 검사 전 임신 여부를 알아보기 위해 소변검사를 해야 합니다.

환자 : 저는 임신하지 않았는데요! 소변 검사를 왜 하는 건가요?

간호사 : 환자분의 영상 검사나 약물의 복용은 임신 중인 태아에게 심각한 영향을 줄 수 있습니다. 그래서 여성은 누구나 진료 전 소변 검사를 해야 합니다. 임신 상태가 아닌 것을 확인한 후에야 비로소 필요한 검사와 투약을 할 수 있습니다.

환자 : 알겠습니다. 검사 결과는 얼마나 기다려야 하나요?

간호사 : 대략 1시간 정도 걸립니다. 여기서 기다리신다면 결과가 나오는 대로 알려드리겠습니다. 종이컵 여기 있습니다.

환자 : 네, 감사합니다.

⑩ 皮肤过敏测试
피부반응검사

본문해석 P.63

간호사 : 폐렴 증상이 있어서 증상 완화를 위해 페니실린 주사를 맞아야 합니다. 그런데 어떤 사람들은 페니실린에 알러지 증상이 있어서 투여 전에 먼저 피부 반응 검사를 하겠습니다. 이전에 페니실린 주사를 맞아 본 적 있나요?

환자 : 네, 맞은 적이 있습니다.

간호사 : 그 때 페니실린 알러지 증상이 있었나요?

환자 : 아니요, 아무렇지도 않았어요.

간호사 : 네, 알겠습니다. 혹시 다른 약물에 대한 알러지가 있습니까?

환자 : 없어요.

간호사 : 네 좋습니다. 약물반응 검사를 하겠습니다. 오른손을 내밀어 보세요.

환자 : 네.

간호사 : 만약에 어떤 불편함, 예를 들어 발진, 어지러움, 식은땀 등 이상 증상이 나타나면 바로 말씀해 주세요.

15분후 –

간호사 : 네, 알러지 테스트가 끝났습니다. 주사 부위에 빨간 국소 반응이 없는 걸 보니 알러지가 없군요. 자, 그러면 페니실린 주사를 놓겠습니다.

환자 : 살살해주세요.

간호사 : 걱정 마세요. 긴장을 풀고 주먹을 살짝 쥐어 보세요. 자 주사 놓겠습니다. 네, 끝났습니다. 손으로 꾹 누르세요. 문지르지 마시고요.

11 胸透检查
흉부영상검사

본문해석   P.69

환자 : 간호사님 입원 전에 제가 무엇을 해야 하나요?

간호사 : 흉부 영상 검사를 해야 합니다. 제가 영상 검사실로 안내하겠습니다. 이쪽으로 따라오십시오.

환자 : 간호사님. 흉부 영상 검사는 왜 해야 하나요?

간호사 : 입원 전에 환자분 가슴 내부의 각 장기, 예를 들어, 심장, 폐, 기관지 등이 정상인지를 확인해야 합니다.

환자 : 아, 그렇군요. 네, 알겠습니다. 제가 어떻게 해야 합니까?

간호사 : 네, 영상의학과 의사 선생님의 안내에 따라 하시면 됩니다. 먼저 몸에 착용하고 있는 장신구를 뺀 다음에 검사복으로 갈아입으시면 됩니다. 준비가 되면 영상 촬영실로 들어가세요. 기계 앞에 똑바로 서서 양팔을 뒤로 한 후 숨을 크게 들이쉬고 숨을 참으세요. 약 5초 정도 참으시면 됩니다.

환자 : 설명을 들으니 생각보다 간단하군요. 네, 알겠습니다.

간호사 : 네, 금방 끝날 겁니다.

12 静脉输液
정맥주사

본문해석   P.75

환자 : 간호사님, 이게 뭔가요?

간호사 : 정맥 주사용 수액입니다.

환자 : 수액이 뭐예요?

간호사 : 우리 몸의 체액 성분과 비슷하게 만든 수액을 정맥 주사관을 통해 혈액 속으로 주입하는 것입니다.

환자 : 이 비닐 백(PVC Bag)에 들어 있는 것은 뭔가요?

간호사 : 포도당 성분이 들어 있습니다. 검사 전에 공복 상태 유지해야 하기 때문에 음식을 드실 수가 없습니다. 이 수액은 체내 혈당을 정상으로 유지하게 시켜줄 뿐만 아니라 공복감도 줄여 줄 겁니다.

환자 : 그렇군요. 수액 속도를 좀 빠르게 할 수 있나요?

간호사 : 안됩니다. 수액의 투여 속도는 환자분의 몸 상태를 고려하여 결정하기 때문에 정해진 속도를 유지해야 합니다. 만약 속도가 너무 빠르면 심장과 폐에 부담을 증가시킬 수 있습니다.

환자 : 제가 지금 배가 좀 고픈데요, 언제쯤 밥을 먹을 수 있나요?

간호사 : 내일이면 가능해요. 여기에 의사 선생님이 처방해 주신 약이 있습니다.

환자 : 이 약은 무슨 약입니까?

간호사 : 이 약은 복통을 치료하는 약입니다.

환자 : 알겠어요. 하루에 몇 번 먹는 약인가요?

간호사 : 하루에 세 번 식사 후 드시면 됩니다.

환자 : 고마워요.

(13) 肌肉注射
근육주사

본문해석 P.81

간호사 : (환자를 향해) 안녕하세요!

환자　 : 안녕하세요!

간호사 : (주사기를 꺼내면서) 배가 많이 아프시죠? 엉덩이에 진통제를 놔드릴 거예요. 주사를 맞고 통증이 바로 완화될 겁니다. 바지를 허리 아래로 좀 내려 주세요. 준비되셨나요?

환자　 : 네. 준비됐습니다.

간호사 : 먼저 알코올 솜으로 피부를 소독하겠습니다. (알코올 솜으로 피부를 소독하고 주사를 놓는다) 아프세요? 약물이 더 잘 흡수되도록 좀 문질러 주세요.

환자　 : 하나도 안 아프네요. 감사합니다.

원종민

한국외국어대학교 중국어과 학사
한국외국어대학교 대학원 중어중문과 석사
국립대만사범대학 국문연구소 박사
사이버한국외국어대학교 중국어학부 교수
저서 : 『기초를 다져주는 핵심중국어 문법』, 『초급중국어강독』,
『호텔리어중국어』(공저), 『생활중국어』(공저)외 다수

오선영

경희대학교 간호학과 학사
연세대학교 간호대학원 응급간호학과 석사
경희대학교 일반대학원 간호학과 박사과정 수료
사이버한국외국어대학교 중국어학부 재학 중
한국전문간호사 협회 기획위원
현재 연세대학교 강남세브란스 병원 간호사(과장)

이진아

서울여자간호대학교 간호학과 학사
한양대학교 경영대학원 의료경영학과 석사
사이버한국외국어대학교 중국어학부 재학 중
강남차병원에서 간호사 20년 근무
현재 일산차병원 근무 중

曹文凱

중국 요성대학교 한국어학과 학사
한국외국어대학교 일반대학원 국어국문학과 석사
한국외국어대학교 일반대학원 국어국문학과 박사과정 수료
현재 사이버한국외국어대학교 중국어학부 조교수

医护汉语

간호 중국어 회화

초판1쇄 / 2020년 3월 20일

저자 / 원종민 · 오선영 · 이진아 · **曹文凱**(차오원카이)

발행인 / 이기선

발행처 / 제이플러스

주소 / 121-824 서울시 마포구 월드컵로 31길 62

영업부 / 02-332-8320   편집부 / 02-3142-2520

홈페이지 / www.jplus114.com

등록번호 / 제 10-1680호

등록일자 / 1998년 12월 9일

ISBN / 979-11-5601-122-4